Renate Rothbauer

Himmlische Schnitten

aus Österreichs Backstuben

Die österreichische Frauenzeitschrift

Titel: Renate Rothbauer
       Himmlische Schnitten
       aus Österreichs Backstuben

© 2004 by Hubert Krenn VerlagsgesmbH / Wien
         www.hubertkrenn.at

Lektorat: Inge Krenn
Fotos: Fotostudio Riedmann
Grafik-Design: Peter Furian und Georg M. Thellmann – www.furian.at
Druck und Bindung: Gorenjski tisk, Kranj

ISBN 978-3-902351-53-1

RENATE ROTHBAUER

Himmlische Schnitten

aus Österreichs Backstuben

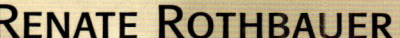

welt der frau

Die österreichische Frauenzeitschrift

INHALT

Flotte Schnitten

Unter der Haube

Schicht für Schicht

Süße Früchtchen

Stück für Stück

Vorwort

Kennen Sie das schönste Kompliment, das man einer ambitionierten Bäckerin machen kann? Es ist der Wunsch: „Darf ich bitte das Rezept haben?", der einer Lobeshymne gleichkommt. Und so wandert ein Rezept von Hand zu Hand, wird in der nächsten Küche erprobt, verändert und ins feste Kuchenrepertoire aufgenommen.

Von großer Bedeutung ist auch, dass die süße Überraschung zur Kaffeejause einfach zuzubereiten, raffiniert im Geschmack und hübsch anzuschauen ist, denn wer hat heute noch Zeit, stundenlang den Kochlöffel zu schwingen?

Alle diese Anforderungen erfüllen die vorliegenden „Himmlischen Schnitten". Sie wurden nicht nur vielfach erprobt, sondern haben vor allem schon ungezählte Testesser überzeugt.

Ob Sie die hervorragenden Schnitten zum Kaffee oder als Weihnachtskekse servieren, ob Sie die Schnitten rechteckig, in Rhomben oder in Quadrate schneiden, wir garantieren Ihnen das immer gleiche Ergebnis, nämlich: Begeisterung.

Viel Freude beim Gustieren, Backen und Schnabulieren wünscht Ihnen

Renate Rothbauer

Ich danke allen, die in ihren privaten Rezeptsammlungen gestöbert und ihre Schätze für dieses Buch zur Verfügung gestellt haben. Besonderer Dank gilt Gabriele Heissl, Cornelia Binder, Mag. Wilbirg Binder, Agnes Geiger und Gertrude Kehrer.

Kleine Backfibel -
die Grundrezepte

Sandmasse oder Gleichschwermasse

pro Ei:

50 g Butter oder Margarine

50 g Staubzucker

50 g Mehl

Butter mit Staubzucker gut cremig rühren, nach und nach die Eier dazugeben und zum Schluss das Mehl untermengen.

Tipps für Sandmasse

- Die Masse muss so gut gerührt werden, dass sie ganz hell wird. Auflockerungsmittel ist die eingerührte Luft, daher wird eher kein Backpulver verwendet. Wird Backpulver dazugegeben, muss die Fettmenge auf ein Drittel verringert und Flüssigkeit dazugegeben werden. Griffiges Mehl macht die Masse locker, glattes Mehl oder Stärkemehl macht sie dichter.

- Den Teig sofort bei ansteigender Hitze backen, da sonst die Luft entweicht und der Kuchen leicht speckig wird.

- Flache Kuchen bei 170 bis 200 °C, hohe Kuchen bei 150 bis 180 °C ansteigend backen.

- Kuchen nach dem Fertigbacken bei offenem, abgeschaltetem Rohr noch fünf Minuten nachziehen lassen.

- Verbessernde Zutaten zur Teigmasse sind: Vanillezucker, Zitronenschale und -saft, Schokolade, Mandeln, Nüsse, Mohn, Rum und Früchte.

Abkürzungen:

kg .... Kilogramm

g .... Gramm

l .... Liter

cl .... Zentiliter

ml .... Milliliter

EL .... Esslöffel

TL .... Teelöffel

Pkg. .... Packung

Stk. .... Stück

Msp. ...Messerspitze

Normales Biskuit

pro Ei:
30 g Staubzucker
20 g Mehl

Eidotter und Staubzucker sehr schaumig rühren (bis die Masse hell ist), Eiklar zu festem Schnee schlagen (Schnee muss sich ballen) und abwechselnd mit dem Mehl unter die Eidottermasse heben.

Sparbiskuit

pro Ei:
30 g Staubzucker
30 g Mehl
1 EL warmes Wasser

Eidotter, Staubzucker und Wasser sehr schaumig rühren (die Masse muss ganz hell sein). Eiklar zu festem Schnee schlagen und abwechselnd mit dem Mehl unter die Eidottermasse heben.

Verkehrtes Biskuit

pro Ei:
30 g Staubzucker
20 g Mehl
(auf 6 Eier 50 g zerlassene Butter)

Eiklar zu sehr steifem Schnee (muss sich ballen) schlagen, mit Zucker aufschlagen und nach und nach die Eidotter einrühren. Mehl (und zerlassene Butter) locker einmengen.

Einfaches Biskuit für Roulade

5 ganze Eier
150 g Feinkristallzucker
110 g glattes Mehl oder Universalmehl
1 Pkg. Vanille- oder Schokoladepuddingpulver

Eier mit Zucker dickschaumig schlagen. Mehl und Puddingpulver vermischen und mit dem Schneebesen unter die Eimasse heben.

Tipps für Biskuit:

- Auflockerungsmittel bei der Biskuitmasse ist die im Schnee eingeschlagene Luft, daher das Rohr mindestens 5 Minuten vorheizen und Biskuit sofort backen (nicht stehen lassen!).
- Das Mehl kann ganz oder teilweise durch Brösel, Nüsse, Mandeln oder Stärkemehl ersetzt werden.
- Verbessernde Zutaten sind Vanillezucker und Zitronenschale.
- Bleche oder Formen gut mit Margarine einfetten oder mit Backpapier belegen.
- Höhere Kuchen wie Torten ab 180 °C ansteigend, flache Schnitten bei 200 bis 220 °C backen.

Backpulverteig

150 g Butter oder Margarine
150 g Zucker
3 Eidotter
1/8 l Milch
350 g Mehl
abgeriebene Zitronenschale
1 Pkg. Backpulver
3 Eiklar

Butter mit Staubzucker gut cremig rühren, nach und nach die Eidotter dazugeben und zum Schluss das Mehl mit Milch untermengen. Eiklar zu Schnee schlagen und unterziehen.

Tipps für Backpulverteig:

- Backpulver braucht Flüssigkeit und Wärme, um Kohlensäure zu entwickeln, die den Teig lockert. Für den Backpulverteig nie zu viel Fett verwenden, der Kuchen schmeckt sonst seifig.
- Backpulver immer gut mit Mehl vermischen, es entstehen sonst Löcher.
- Den Teig sofort backen, durch das Stehen verliert das Backpulver seine Wirkung und der Kuchen wird speckig.

- Hohe Kuchen bei ansteigender Hitze bei 140 bis 180 °C, Schnitten bei 170 bis 200 °C backen.
- Bei zu hoher Ausgangstemperatur entsteht zu früh eine Kruste, die dann aufbricht.
- Kuchen nicht warm anschneiden und nicht warm essen.
- Verbessernde Zutaten: Vanillezucker, Zitronen- oder Orangenschale, Kakao, Nüsse, Mandeln, Schokolade, Rum.

Mürbteig

300 g glattes (oder halb glattes-halb griffiges) Mehl
200 g Butter oder Margarine
100 g Staubzucker
2 Eidotter

Mehl und Butter abbröseln, verbessernde Zutaten untermischen. Eidotter beigeben und rasch zu einem glatten Teig verarbeiten. Mindestens 20 Minuten rasten lassen.

Tipps für Mürbteig:

- Griffiges Mehl macht den Teig brüchig. Rasch und kühl arbeiten, der Teig wird sonst bröckelig.
- Kein Backpulver beigeben, wird eines beigegeben, dann Fettmenge um ein Drittel verringern.
- Formen und Bleche nicht befetten, da genügend Fett im Teig ist und das Gebäck (z. B. Kekse) sich sonst verformt, Backpapier verwenden.
- Mürbteig schmeckt noch besser, wenn er am Vortag zubereitet wurde (in Folie geben).
- Backrohr vorheizen und bei 200 °C backen.
- Fertiges Gebäck flach auflegen, da es sich sonst verformt.
- Mürbteig eignet sich für Schnitten, flache Kuchen und Kekse.
- Mürbteiggebäck lässt sich sehr gut einfrieren.
- Verbessernde Zutaten sind: Mandeln, Nüsse, Schokolade, Vanillezucker, Zitronenschale, Zitronensaft, Rahm, Schlagobers, Zimt, Ingwer, Nelken ...

Flotte Schnitten

Altwiener Schokoladeschnitten

Zubereitungszeit:
20 Minuten

Backzeit:
2-mal 15 Minuten
bei 150 °C

Masse für 1 Backblech

**Zutaten für den
ersten Teig:**

5 Eiklar

150 g Zucker

200 g geriebene
Haselnüsse

**Zutaten für den
zweiten Teig:**

100 g Butter

150 g Zucker

5 Eidotter

150 g erweichte
Schokolade

1 Für den ersten Teig Eiklar zu Schnee schlagen, Zucker einrieseln lassen und Haselnüsse unterziehen.

2 Backrohr auf 150 °C vorheizen. Blech mit Backtrennpapier auslegen, Masse aufstreichen und 15 Minuten backen.

3 Für den zweiten Teig während der Backzeit einen Abtrieb aus Butter, Zucker und Eidottern bereiten, anschließend erweichte Schokolade nach und nach unterziehen.

4 Abtriebmasse auf den warmen Teig streichen und nochmals 15 Minuten backen.

Tipp

Die Schnitten werden höher und haben mehr „Standfestigkeit", wenn man zu jeder Teigmasse 2 EL Schokoladepuddingpulver unterrührt.

Apfel-Nuss-Schnitten

1 Eier trennen. Aus Margarine, Zucker, Vanillezucker und Eidottern einen Abtrieb bereiten. Eiklar zu steifem Schnee schlagen. Nüsse, Mehl, Backpulver und erweichte Schokolade zum Abtrieb rühren. Am Schluss den steifen Schnee einheben und vorsichtig die geraspelten Äpfel unterziehen.

2 Teig auf mit Backpapier belegtes Blech streichen und etwa 35 Minuten bei 160 °C backen.

Variante

Gibt man den Kuchenteig in eine befettete, bebröselte Gugelhupfform, erhält man einen saftigen Gugelhupf. Die Backzeit verlängert sich dadurch – Garprobe mit Stricknadel machen.

Zubereitungszeit:
30 Minuten

Backzeit:
35 Minuten
bei 160 °C (Gugelhupfform: 55 Minuten)

Masse für 1 Backblech oder Gugelhupfform

Zutaten für den Teig:

200 g Margarine

200 g Zucker

1 Pkg. Vanillezucker

200 g Mehl

100 g geriebene Nüsse

100 g erweichte Schokolade

4 Eier

2 KL Backpulver

2 grob geraspelte Äpfel

Bananenschnitten

Zubereitungszeit:
20 Minuten

Backzeit:
Backblech:
25 Minuten bei 170 °C
Kuchenform:
50 Minuten bei 170 °C
Masse für 1 Backblech
oder Backform
(24 cm Durchmesser)

Zutaten:
300 g gut reife
Bananen
220 g Staubzucker
1 Pkg. Vanillezucker
1/4 l Schlagobers
1/16 l Öl
300 g glattes Mehl
1 TL Backpulver
120 g geriebene
Walnüsse
3 Eier
80 g Kristallzucker

Staubzucker
oder
Schokoladeglasur

1 Bananen mit Mixstab pürieren und mit Staubzucker und Vanillezucker cremig rühren. Eidotter und Schlagobers untermengen und dann das Öl rasch einrühren. Eiklar mit Kristallzucker zu Schnee schlagen. Mehl mit Backpulver und Nüssen vermischen und mit dem Eischnee vorsichtig unter die Abtriebmasse ziehen.

2 Masse auf ein befettetes und bemehltes Blech streichen und im vorgeheizten Rohr bei 170 °C etwa 25 Minuten backen.

3 Kuchen mit Staubzucker bestreuen oder mit Schokoladeglasur überziehen.

Variante
Wenn man keine Schokoladeglasur will, kann man die Ringform auch mit Mandelblättchen dicht ausstreuen.

Bonaparteschnitten

1 Butter und Zucker schaumig rühren und nach und nach die Eidotter dazugeben. Die erweichte Schokolade einrühren und Nüsse, Mehl und Backpulver mit dem steif geschlagenen Eischnee unterheben.

2 Auf befettetes, bemehltes Blech streichen und im vorgeheizten Rohr bei 170 °C etwa 30 Minuten backen.

3 Mit Marillenmarmelade bestreichen, anschließend mit Schokoladeglasur überziehen und mit Mandelblättchen bestreuen.

Tipp
Wird der Teig als Torte gebacken, kann man diese mit Creme, Schlagobers oder Marmelade füllen.

Zubereitungszeit:
etwa 20 Minuten

Backzeit:
Backblech: 30 Minuten bei 170 °C

Torte: 50 Minuten bei 170 °C

Masse für 1 Backblech oder eine Tortenform (26 cm Durchmesser)

Zutaten:

260 g Butter

300 g Zucker

300 g geriebene Nüsse

4 Rippen erweichte Kochschokolade

5 EL Mehl

3 Msp. Backpulver

7 Eier

Marillenmarmelade

Schokoladeglasur

Mandelblättchen

Dunkle Schneeschnitten

Zubereitungszeit:
20 Minuten

Backzeit:
30 Minuten bei 160 °C

Masse für 1 Backblech

Zutaten:
8 Eiklar

120 g Butter oder Margarine

240 g Staubzucker

140 g griffiges Mehl

80 g geriebene Schokolade

80 g geriebene Haselnüsse

Schokoladeglasur

1 Eiklar zu sehr steifem Schnee schlagen, dann nach und nach den Staubzucker einrieseln lassen. Mehl mit Haselnüssen und geriebener Schokolade vermischen und abwechselnd mit zerlassener abgekühlter Butter unter den Schnee ziehen.

2 Auf ein mit Backpapier belegtes Blech streichen und bei 160 °C etwa 30 Minuten backen.

3 Erkalteten Kuchen mit Schokoladeglasur bestreichen.

Variante

Mit Staubzucker besieben und mit Schokoladeflocken bestreuen.

Tipp

Wenn keine Schokoladeflocken vorrätig sind, kann man mit dem Gurkenschäler von der Schmalseite der Kochschokolade direkt auf den Kuchen welche herunterschaben.

Eierlikörschnitten

1 Eidotter, Zucker und Vanillezucker schaumig rühren (Masse muss sich mindestens verdreifachen). Eierlikör mit Öl vermischen und nach und nach unter die Masse rühren. Mehl, Maizena und Backpulver vermischen und mit dem Eischnee unter die Dottermasse ziehen. Schokoladeflocken vorsichtig unterheben.

2 Auf befettetes, bemehltes Backblech streichen und auf mittlerer Schiene im vorgeheizten Rohr bei 175 °C etwa 30 Minuten backen.

3 Ausgekühlt mit Staubzucker bestreuen oder mit Schokoladeglasur überziehen.

Tipp
Diese Masse passt auch in eine größere Ringform und ist dann noch saftiger.

Variante
Schokoladeflocken weglassen und 300 g gemischte frische oder tiefgekühlte Beeren auf den Teig streuen. Nach dem Backen Kuchen überzuckern.

Zubereitungszeit:
25 Minuten

Backzeit:
30 Minuten bei 175 °C

Masse für 1 Backblech oder Ringform (26 cm Durchmesser)

Zutaten:

5 Eidotter

200 g Zucker

2 Pkg. Vanillezucker

1/4 l Eierlikör

1/4 l Öl

140 g Mehl

120 g Maizena

1 Pkg. Backpulver

100 g Schokoladeflocken

Staubzucker oder Schokoladeglasur

Espressoschnitten
mit Eierlikör

Zubereitungszeit:
35 Minuten

Backzeit:
20 bis 25 Minuten
bei 170 °C (Heißluft)
Masse für 1 Backblech

Zutaten für den Teig:
5 Eier
300 g Staubzucker
1 Pkg. Vanillezucker
1/8 l Öl
1/8 l Wasser
300 g Mehl
1 Pkg. Backpulver

Zutaten für den Überguss:
2 Tassen starker
schwarzer Kaffee
4 EL Zucker
4 EL Kakaopulver
4 EL Rum

3/8 l Schlagobers
gut 1/8 l Eierlikör

1 Eier trennen, Eidotter mit Staubzucker und Vanillezucker sehr schaumig rühren, dann Öl und Wasser einrühren. Eiklar zu steifem Schnee schlagen. Das mit Backpulver vermischte Mehl und den Eischnee unterheben.

2 Teig auf ein mit Backpapier belegtes Blech streichen und bei 170 °C ca. 20 bis 25 Minuten backen.

3 Für den Überguss Kaffee, Zucker, Kakao und Rum gut verrühren. Mit einer Stricknadel ca. 50 Löcher in den warmen Kuchen stechen und den Überguss vorsichtig über den Kuchen gießen.

4 Nach dem Erkalten geschlagenes Obers auf den Kuchen streichen und mit Eierlikör beträufeln, dann sofort servieren.

Tipp
Man kann das Schlagobers auch in einen Dressiersack geben und gefällig auf den Kuchen aufspritzen.

Grießschnitten

Zubereitungszeit:
etwa 35 Minuten

Backzeit:
30 Minuten bei 170 °C

Masse für 1 Backblech
oder Backform
(26 cm Durchmesser)

Zutaten für den Teig:
140 g Mehl
140 g Grieß
140 g Zucker
200 g Butter
6 Eier
1 Prise Salz
3 TL Backpulver
2 Pkg. Vanillezucker
abgeriebene Schale
von 1 Zitrone
1/8 l Orangensaft

**Zutaten für
den Sirup:**
200 g Zucker
3 Tassen Wasser
1/2 Tasse Cognac
oder Zitronensaft

1 Butter mit der Hälfte des Zuckers, Vanillezucker und den Eidottern (nach und nach dazugeben) schaumig rühren. Eiklar zu steifem Schnee schlagen, nach und nach die andere Hälfte des Zuckers einschlagen. Mehl mit Backpulver, Grieß und Salz vermischen und abwechselnd mit Eischnee, Zitronenschale und Orangensaft unterrühren.

2 Auf ein befettetes Backblech oder in eine große Backform geben und im vorgeheizten Rohr auf mittlerer Schiene bei 170 °C je nach Form 30 bis 60 Minuten backen.

3 Für den Sirup Zucker mit Wasser 5 bis 10 Minuten kochen und dann den Cognac oder Zitronensaft hinzufügen.

4 Den heißen Sirup über den erkalteten Kuchen gießen. Man kann noch Zitronenglasur oder Schokoladeglasur darüber streichen.

Karottenschnitten

1 Eier mit Staubzucker und Vanillezucker schaumig rühren (soll mindestens die vierfache Menge werden), Mehl mit Backpulver vermischen, geriebene Zitronenschale, Karotten, Rum und Nüsse untermengen. Dann den mit Kristallzucker steif geschlagenen Schnee unterheben.

2 Teig auf ein befettetes und bemehltes Backblech streichen und auf mittlerer Schiene im vorgeheizten Rohr bei 180 °C etwa 30 Minuten backen.

3 Warmen Kuchen mit Marillenmarmelade bestreichen.

4 Für die Glasur den Kristallzucker mit Wasser zehn Minuten köcheln lassen, dann die Schokolade darin erweichen und mit Butter vermischen.

5 Den ausgekühlten Kuchen mit Schokoladeglasur überziehen.

Zubereitungszeit:
etwa 40 Minuten

Backzeit:
etwa 30 Minuten
bei 180 °C

Masse für 1 Backblech oder eine Tortenform (Mengenangaben in Klammer)

Zutaten für den Teig:

7 (6) Eier

130 g (110 g) Staubzucker

450 g (400 g) geriebene Karotten

250 g (220 g) Nüsse

120 g (100 g) Mehl

4 Msp. (2 Msp.) Backpulver

120 g (100 g) Kristallzucker

geriebene Zitronenschale

1 Pkg. Vanillezucker

1 EL Rum

Marillenmarmelade zum Bestreichen

Zutaten für die Schokoladeglasur:

250 g (200 g) Kristallzucker

250 g (200 g) Kochschokolade

250 g (200 g) Wasser

60 g (40 g) Butter oder Margarine

21

Kürbisschnitten

Zubereitungszeit:
etwa 35 Minuten

Backzeit:
30 Minuten bei 200 °C
(Heißluft 180 °C)

Masse für 1 kleines
Backblech

Zutaten:
6 Eier
220 g Zucker
80 g Semmelbrösel
Schale von 1 Zitrone
150 g geriebene
Nüsse
300 g frischer
geraspelter Kürbis
4 EL Maizena
2 TL Backpulver
4 EL Rum
2 Prisen Salz

Marmelade
Schokoladeglasur

1 Die Eier trennen. Eidotter und Staubzucker schaumig rühren, Semmelbrösel, Zitronenschale, Maizena (mit Backpulver vermischt), Nüsse und Kürbis mit dem Rum untermengen. Die Eiklar mit dem Salz zu steifem Schnee schlagen und unter die Masse ziehen.

2 Teig auf ein befettetes, bemehltes Backblech streichen und im vorgeheizten Rohr auf mittlerer Schiene bei 200 °C (Heißluft 180 °C) etwa 30 Minuten backen.

3 Nach dem Backen den warmen Kuchen mit Marmelade bestreichen und nach dem Erkalten mit Schokoladeglasur überziehen.

Linzer Schnitten
gerührt

1 Die Eier trennen und die Eiklar zu festem Schnee schlagen. Handwarme Butter oder Margarine und Staubzucker schaumig rühren, nach und nach die Eidotter zugeben. Zitronenschale und -saft, Mehl, Nüsse, Backpulver und Lebkuchengewürz gut vermischen und mit der Hälfte des Eischnees unterrühren, anschließend restlichen Eischnee unterheben. Bei Bedarf noch etwas Milch beigeben. Zwei Drittel des Teiges auf ein befettetes und bemehltes Backblech streichen.

2 Den Teig großzügig mit Ribiselmarmeade bestreichen.

3 Den restlichen Teig in einen Spritzsack geben und im Abstand von 5 bis 6 cm ein Gitter aufspritzen. Mit Mandelblättchen bestreuen und im vorgeheizten Backrohr bei 170 °C etwa 35 bis 40 Minuten backen.

Zubereitungszeit:
25 Minuten

Backzeit:
35 bis 40 Minuten
bei 170 °C

Masse für 1 Backblech

Zutaten:

280 g Butter oder Margarine

280 g Staubzucker

Saft und Schale von 1 Zitrone

280 g geriebene Nüsse

280 g Mehl

1 Pkg. Backpulver

4 Eier

1 Pkg. Lebkuchengewürz (oder 1 TL Zimt, 1 TL Nelken)

eventuell etwas Milch

Ribiselmarmelade
Mandelbättchen

Lippschnitten

Zubereitungszeit:
20 Minuten

Backzeit:
30 Minuten bei 180 °C

Masse für 1 Backblech

Zutaten:

280 g Butter oder
Margarine

280 g Staubzucker

8 Rippen
Kochschokolade

240 g geriebene
Nüsse

40 g glattes Mehl

8 Eier

1 Butter mit Zucker und Eidottern sehr schaumig rühren. Schokolade erweichen und ebenfalls gut unterrühren. Eiklar zu steifem Schnee schlagen. Nüsse zum Abtrieb rühren und zum Schluss das Mehl mit dem steif geschlagenen Schnee unterheben.

2 Die Masse auf ein befettetes und bemehltes Backblech streichen und im vorgeheizten Rohr bei 180 °C etwa 30 Minuten backen.

Variante

Der Kuchen kann vor dem Backen mit Mandelblättchen bestreut oder nach dem Backen mit Schokoladeglasur überzogen werden.

Mürbe Schokolade-schnitten

1 Alle Zutaten zu einem weichen und glatten Teig verkneten (oder mit Knethaken rühren), diesen anschließend in ein und zwei Drittel teilen. Unter das eine Drittel noch ein Stück Butter kneten, damit eine dressierfähige Masse entsteht.

2 Die zwei Teigdrittel auf Backpapier auswalken und auf das Backblech ziehen, den Rand etwas hochdrücken.

3 Den Teig mit Marillenmarmelade bestreichen, den restlichen Teig in einen Dressiersack mit glatter Tülle füllen und ein Gitter aufspritzen. Mit Eiklar bestreichen und mit Mandelblättchen bestreuen. Im vorgeheizten Backrohr bei 170 °C etwa 45 Minuten backen.

Zubereitungszeit:
50 Minuten

Backzeit:
etwa 45 Minuten
bei 170 °C

Masse für 1 Backblech

Zutaten:

280 g Butter

280 g glattes Mehl

280 g geriebene
Mandeln (Haselnüsse)

280 g Staubzucker

150 g erweichte
Kochschokolade

2 Pkg. Vanillezucker

geriebene Schale
von 1 Zitrone

2 Eier

4 Eidotter

etwa 70 g Butter

Marillenmarmelade

2 Eiklar zum
Bestreichen

Mandelblättchen
zum Bestreuen

Nuss-Zucchini-Schnitten
mit Schokoladeglasur

Zubereitungszeit:
30 Minuten

Backzeit:
30 Minuten bei 180 °C
Masse für 1 Backblech

Zutaten für den Teig:
4 Eier
250 g brauner Rohrzucker
350 g geriebene Haselnüsse
3/8 l Öl
1,5 TL Zimt
350 g geraspelte Zucchini
350 g Mehl
1,5 TL Natron
1,5 TL Backpulver

Zutaten für die Schokoladeglasur:
150 g Schlagobers
150 g Kochschokolade

Ribiselmarmelade zum Bestreichen

1 Eier und Rohrzucker schaumig rühren, Haselnüsse, Öl und Zimt gut einrühren.
Mehl mit Natron und Backpulver vermischen und mit Zucchiniraspeln in die Masse einrühren.

2 Backblech befetten und bemehlen, Teig darauf streichen und bei 180 °C etwa 30 Minuten backen.

3 Für die Glasur das Schlagobers erhitzen, die Schokolade schmelzen und beides gut verrühren.

4 Warmen Kuchen mit Ribiselmarmelade bestreichen und dann mit Schokoladeglasur überziehen.

Tipp
Auch mit Mandeln schmecken diese Schnitten hervorragend.
Für eine besonders schöne Dekoration:
Die Schokoladeglasur mit einem Papierstanitzel gitterförmig auf Pergamentpapier spritzen, erkalten lassen und nach dem Festwerden auf die einzelnen Schnitten setzen. Ganze Mandeln mit einem Ende zuerst in Marillenmarmelade, dann in Hagelzucker tauchen und auf die Schokoladegitter setzen.

Nürnberger Schnitten

Zubereitungszeit:
30 Minuten

Backzeit:
25 Minuten bei 170 °C

Masse für 1 Backblech
oder größere
Kuchenform

Zutaten:
200 g Butter

200 g Staubzucker

1 Pkg. Vanillezucker

6 Eier

200 g Nüsse

1 KL Zimt

2 gestrichene EL
fein gemahlenes
Kaffeepulver

120 g Mehl

1 gehäufter KL
Backpulver

200 g erweichte
Schokolade (oder
grob geriebene
Schokolade)

1 Butter mit Staubzucker und Vanillezucker gut verrühren und nach und nach die Eidotter dazugeben. Die erweichte Schokolade gut einrühren und dann die Mischung aus Nüssen, Mehl, Backpulver, Zimt und Kaffeepulver abwechselnd mit dem Eischnee vorsichtig unterrühren.
Wenn Sie geriebene Schokolade verwenden, diese erst zum Schluss einrühren.

2 Auf ein befettetes, bemehltes Blech streichen, eventuell mit Mandelblättchen bestreuen und im vorgeheizten Rohr auf mittlerer Schiene etwa 25 Minuten bei 170 °C backen.

Variante

Nach dem Abkühlen den Kuchen mit Schokoladeglasur überziehen.

Tipp

Wenn Sie mehr Zeit zum Backen haben, dann füllen Sie den Teig in eine Kuchenform und backen ihn etwa 60 Minuten – ein wunderbarer, saftiger Kuchen.

Punschschnitten

1 Weiche Butter, Marzipan, Staubzucker und Vanillezucker schaumig rühren. Eier, Orangen- und
Zitronenschale und 4 bis 5 Esslöffel Mehl nach und
nach unterrühren. Restliches Mehl mit Zimt, Nelken
und Rotwein fest einrühren und noch etwa 3 Minuten
weiterrühren.
Am Schluss Schokoladeflocken einmengen.

2 Auf gefettetes, bemehltes Blech streichen und bei
200 °C (Heißluft 175 °C) im vorgeheizten Rohr etwa
25 Minuten backen.

3 Mit Marillenmarmelade bestreichen und mit nach
Anleitung zubereiteter Punschglasur überziehen.

Zubereitungszeit:
30 Minuten

Backzeit:
25 Minuten bei 200 °C
(175 °C Heißluft)

Masse für 1 Backblech

Zutaten:

300 g Butter

250 g Staubzucker

1 Pkg. Vanillezucker

1 Pkg. Orangenschale

1 Pkg. Zitronenschale

2 TL gemahlener Zimt

1 TL gemahlene
Nelken

6 Eier

380 g Mehl

100 ml Rotwein

300 g grob geriebene
Marzipanrohmasse

etwa 50 g
Schokoladeflocken

Marillenmarmelade

Punschglasur

Polsterschnitten

Zubereitungszeit:
25 Minuten

Backzeit:
20 Minuten bei 180 °C
(Heißluft 160 °C)

Masse für 1 Backblech

Zutaten:
250 g Butter oder
Margarine

220 g Staubzucker

1 Pkg. Vanillezucker

Schale von 1 Zitrone

4 mittelgroße Eier

340 g Weizenmehl

1 Pkg. Backpulver

300 g gemischtes
Tiefkühlbeerenobst

100 g weiße
Schokolade

dunkle Schokolade
für Gitter

etwas Kokosfett

1 Butter oder Margarine mit Mixer auf höchster Stufe cremig rühren. Nach und nach Zucker und Zitronenschale sowie die Eier (jedes Ei ca. 1/2 Minute rühren) einrühren. Die im Wasserbad erweichte weiße Schokolade hinzufügen und kurz untermengen. Das mit Backpulver vermischte Mehl auf mittlerer Stufe einrühren.

2 Zwei Drittel des Teiges auf ein ca. 30 x 40 cm großes befettetes Backblech streichen. Mit einem Kochlöffelstiel in Abständen von 5 cm gitterartig tiefe Linien in den Teig ziehen.

3 Ein Drittel des Teiges mit dem pürierten Beerenobst vermischen, in einen Spritzbeutel geben und in die Gitterfurchen spritzen.

4 Im vorgeheiztem Rohr bei 180 °C (Heißluft 160 °C) etwa 20 Minuten backen.

5 Nach dem Erkalten kann man den Kuchen noch mit feinem Schokoladegitter verzieren: Kochschokolade mit etwas Kokosfett erweichen und lippenwarm in ein Nylonsäckchen (vorher ein ganz kleines Eckchen abschneiden) füllen.

Schokolade-Rum-Schnitten

Zubereitungszeit:
20 Minuten

Backzeit:
25 Minuten bei 180 °C
(Heißluft 160 °C)

Masse für 1 Backblech

Zutaten für den Teig:

200 g Butter

200 g Staubzucker

150 g Mehl

150 g Nüsse

150 g erweichte
Schokolade

6 Eier

1 TL Backpulver

1 Pkg. Vanillezucker

**Zutaten für die
Glasur:**

250 g Staubzucker

gut 1/16 l Rum

1 Die Eier trennen. Butter, Staubzucker und Vanille-zucker verrühren, nach und nach Eidotter hinzugeben und sehr schaumig rühren. Erweichte Schokolade unter ständigem Rühren nach und nach beifügen. Eiklar zu sehr steifem Schnee schlagen. Das mit Nüssen und Backpulver vermischte Mehl einrühren und den Schnee unterheben.

2 Den Teig auf ein befettetes und bemehltes Back-blech streichen und im vorgeheizten Rohr bei 180 °C (Heißluft 160 °C) backen.

3 Für die Glasur Staubzucker und Rum gut verrühren und den noch warmen Kuchen damit überziehen.

Teeschnitten

1 Eier trennen, dann einen Abtrieb aus Butter, Zucker und Eidottern bereiten. Eiklar zu steifem Schnee schlagen. Mehl mit Backpulver vermischen, einrühren und am Schluss noch Kakao unterrühren. Eischnee vorsichtig unterheben.

2 Teig auf befettetes, bemehltes Blech streichen und im vorgeheizten Rohr bei 170 °C etwa 25 Minuten backen.

3 Den heißen Blechkuchen gleichmäßig mit dem Tee übergießen.

Variante

Überziehen Sie den Kuchen zusätzlich mit Schokoladeglasur und bestreuen Sie ihn mit gehackten Nüssen.

Zubereitungszeit:
20 Minuten

Backzeit:
25 Minuten bei 170 °C
Masse für 1 Backblech

Zutaten für den Teig:
5 Eier
250 g Butter
250 g Zucker
250 g Mehl
1/2 Pkg. Backpulver
1 EL Kakao

Zutaten für den Guss:
1/4 l Tee
eventuell Rum
zur Geschmacksverbesserung

Vollkorn-Sacherschnitten

Zubereitungszeit:
25 Minuten

Backzeit:
25 Minuten bei 160 bis
170 °C (Heißluft)

Masse für 1 Backblech

Zutaten für den Teig:
150 g Butter
150 g Zucker
1 Pkg. Vanillezucker
6 Eier
150 g erweichte
Schokolade
150 g Vollwert-
Dinkelmehl
1/2 Pkg. Backpulver

Ribisel- oder
Himbeermarmelade
zum Bestreichen

**Zutaten für die
Schokoladeglasur:**
1/8 l Schlagobers
125 g Kochschokolade

1 Eier trennen. Butter, Zucker und Vanillezucker sehr schaumig rühren, nach und nach die Eidotter einrühren. Erweichte Schokolade nach und nach zugeben. Das mit Backpulver vermischte Mehl vorsichtig einmengen. Eiklar mit einem Esslöffel Zucker zu steifem Schnee schlagen und unterheben.

2 Masse auf ein mit Backpapier ausgelegtes Backblech streichen und bei 160 bis 170 °C etwa 25 Minuten backen.

3 Den warmen Kuchen mit passierter Ribisel- oder Himbeermarmelade bestreichen.

4 Für die Glasur Schlagobers aufkochen, Topf vom Herd nehmen und die zerkleinerte Schokolade einrühren. Glasur wieder auf den Herd stellen und unter Rühren so lange kochen lassen, bis die Schokoladeglasur ganz glatt ist. Auskühlen lassen, bis die Glasur dickflüssig wird und den Kuchen damit überziehen.

Variante

Den Kuchen mit Preiselbeermarmelade und Trüffelcreme bestreichen und mit Schokoladeflocken bestreuen:
Für die Trüffelcreme 1/4 l Schlagobers mit 1 EL Butter und 2 bis 3 EL Kristallzucker aufkochen lassen, dann mindestens 250 g Kochschokolade (oder Reste von Osterhasen, Nikoläusen etc. – Zucker weglassen!) gut einrühren. Nach dem Abkühlen (2 bis 3 Stunden oder über Nacht im Kühlschrank) eventuell noch mit 1 bis 2 EL Rum verfeinern und mit dem Mixer gut aufschlagen. Diese Creme gelingt immer und ist nicht so üppig wie eine Buttercreme.

Unter der Haube

Cappuccinoschnitten

Zubereitungszeit:
30 Minuten

Backzeit:
20 Minuten bei 200 °C

Masse für 1 Backblech

Zutaten für den Teig:

9 Eier

220 g Staubzucker

1 Pkg. Vanillezucker

220 g geriebene Mandeln

1 TL Backpulver

50 g Brösel

100 g Schokolade-streusel

1 EL Rum

Saft und Schale von 1/2 Zitrone

Zutaten für die Creme:

1/2 l Schlagobers

2 Pkg. Sahnesteif

2 EL Staubzucker

2 Pkg. Cappuccino-pulver oder Eiskaffeepulver

Kuchenbrösel

Schokoladeglasur zum Verzieren

1 Eier trennen und die Eiklar zu festem Schnee schlagen. Eidotter mit Zucker und Vanillezucker schaumig rühren, Rum, Brösel, Mandeln mit Backpulver und Zitronensaft und -schale unterrühren. Eischnee mit Schokoladestreusel unterheben.

2 Teig auf ein mit Backpapier belegtes Blech streichen und bei 200 °C etwa 20 Minuten backen, erkalten lassen.

3 Etwa 2 cm vom Kuchenrand rundherum wegschneiden und zerbröseln. Schlagobers mit Zucker und Sahnesteif schlagen, Cappuccinopulver (Eiskaffeepulver) unterrühren und Kuchenbrösel unterheben. Creme auf den Kuchen streichen.

4 Schokoladeglasur in eine kleine Papiertüte geben und damit beliebig verzieren.

Europaschnitten

1 Die 2 Eier trennen und die Eiklar zu festem Schnee schlagen. Butter mit Zucker schaumig rühren und nach und nach die 6 Eidotter unterrühren. Erweichte Schokolade schaumig einrühren. Nüsse, Mehl und Backpulver vermischen und gut unterrühren, den Eischnee unterziehen.

2 Die Masse auf ein befettetes Backblech streichen und im vorgeheizten Rohr auf mittlerer Schiene bei 170 °C etwa 15 Minuten backen.

3 Für die Schneehaube die Eiklar zu einem mittelfesten Schnee schlagen und mit dem Zucker nach und nach steif schlagen. Marmelade und Schokoladeflocken einrühren, Eischnee auf den vorgebackenen warmen Teig auftragen und mit den Nüssen bestreuen. Etwa 10 Minuten bei gleicher Hitze weiterbacken.

Zubereitungszeit:
30 Minuten

Backzeit:
15 Minuten bei 170 °C
10 Minuten bei 170 °C
fertig backen
Masse für 1 Backblech

Zutaten für den Teig:
180 g Butter oder
Margarine
150 g Staubzucker
2 Eier
4 Eidotter
100 g Kochschokolade
180 g geriebene
Walnüsse (Haselnüsse)
80 g glattes Mehl
1 TL Backpulver

Zutaten für die Schneehaube:
80 g grob geriebene
Walnüsse (Haselnüsse)
4 Eiklar
220 g Kristallzucker
4 EL Ribiselmarmelade
30 g Schokolade-
flocken (oder geriebe-
ne Schokolade)

Kirschjoghurt-Schnitten

Zubereitungszeit:
35 Minuten

Backzeit:
20 Minuten bei 180 °C
(Heißluft 160 °C)

Masse für 1 kleineres
Backblech

Zutaten für den Teig:
260 g Mehl
3 gestrichene TL
Backpulver
150 g Staubzucker
1 Pkg. Vanillezucker
4 Eier
170 g Butter oder
Margarine
7 EL Milch (oder 1/8 l
Schlagobers)

**Zutaten für
den Belag:**
8 Blatt weiße Gelatine
4 Becher (je 150 g)
Kirschjoghurt
3/8 l Schlagobers
3 EL Staubzucker

Schokoladeflocken
zum Bestreuen

1 In einer gut verschließbaren Schüssel Mehl, Backpulver, Staubzucker und Vanillezucker mit Schneebesen trocken vermischen. Eier, zerlassene, abgekühlte Butter und Milch (oder Schlagobers) dazugeben, verschließen und ca. 30 Sekunden kräftig schütteln. Mit dem Schneebesen nochmals gut durchrühren. Teig auf ein befettetes Backblech streichen und bei 180 °C (Heißluft 160 °C) etwa 20 Minuten backen.

2 Für den Belag Joghurt in eine Schüssel geben. Gelatine nach Anleitung auflösen und in das Joghurt einrühren. Schlagobers mit Staubzucker steif schlagen. Wenn die Joghurtmasse anfängt, dicklich zu werden, das steif geschlagene Obers unterheben.

3 Belag auf den erkalteten Teig streichen (eventuell vorher mit Marmelade bestreichen), mit Schokoladeflocken bestreuen und fest werden lassen.

Tipp
Man kann auch jedes andere Fruchtjoghurt verwenden.

Kokosschnitten

Zubereitungszeit:
30 Minuten

Backzeit:
20 Minuten bei 170 °C
Masse für 1 Backblech

Zutaten für den Teig:

180 g Butter oder
Margarine

200 g Zucker

120 g geriebene
Nüsse

5 Eier

2 EL Kakao

90 g Mehl

**Zutaten für
den Belag:**

150 g Butter oder
Margarine

200 g Zucker

1 Pkg. Vanillezucker

200 g Kokosflocken

etwas Rum

Ribiselmarmelade
Schokoladeglasur

1 Butter, Eidotter, Kakao und Zucker schaumig rühren, anschließend Nüsse und Mehl einmengen. Eiklar zu festem Schnee schlagen und unterheben.

2 Masse auf ein befettetes und bemehltes Blech streichen und bei 170 °C etwa 20 Minuten backen.

3 Erkalteten Kuchen mit Ribiselmarmelade bestreichen.

4 Für den Belag die Zutaten gut miteinander verrühren und auf dem Teigboden verstreichen (die Belagmasse häufchenweise auf dem Kuchen verteilen und mit einem nassen Löffelrücken verstreichen).

5 Mit Schokoladeglasur überziehen.

Lambadaschnitten

1 Eier trennen. Eidotter, Zucker und Vanillezucker gut verrühren, dann Öl, Milch und das mit Backpulver vermischte Mehl dazugeben. Kurz und glatt verrühren und am Schluss den Eischnee unterheben.

2 Teig auf befettetes und bemehltes Backblech steichen und auf mittlerer Schiene 15 Minuten bei 200 °C backen, dann auskühlen lassen.

3 Für den Belag Pudding mit Orangensaft und Zucker zubereiten und abkühlen lassen, dabei mehrmals umrühren. Den Pudding auf den ausgekühlten Kuchen streichen.

4 Gelatine nach Anleitung zubereiten und das steif geschlagene Obers unterziehen, anschließerd die Masse auf den Pudding streichen.

5 Orangensaft und Rum mischen, Biskotten darin tränken und den Kuchen damit belegen.

6 Mit Schokoladeglasur überziehen oder feine Linien ziehen.

Zubereitungszeit:
40 Minuten

Backzeit:
15 Minuten bei 200 °C

Masse für 1 Backblech

Zutaten für den Teig:
4 Eier
250 g Zucker
1 Pkg. Vanillezucker
1/8 l Öl
1/8 l Milch
300 g Mehl
1/2 Pkg. Backpulver

Zutaten für den Belag:
1 Pkg. Vanille-puddingpulver
1/2 l Orangensaft
3 EL Zucker

3 Blatt Gelatine
1/4 l Schlagobers

1/4 l Orangensaft
1 Stamperl Rum
40 Stk. Biskotten

Schokoladeglasur

Lisbethschnitten

Zubereitungszeit:
35 Minuten

Backzeit:
15 Minuten bei 180 °C

Masse für 1 Backblech

Zutaten für den Teig:
300 g Mehl
160 g Butter oder Margarine
100 g Staubzucker
3 Eidotter

Zutaten für die Schaummasse:
5 Eiklar
200 g Zucker
200 g passierte Ribisel- oder Marillenmarmelade

Schokoladeglasur

1 Aus allen Zutaten schnell einen Mürbteig bereiten und eine halbe Stunde kühl rasten lassen.

2 Den Mürbteig auf Backpapier auswalken, dann auf Backblech legen und bei 180 °C im vorgeheizten Rohr gut 15 Minuten backen.

3 Für die Schaummasse Eiklar zu steifem Schnee schlagen. Marmelade und Zucker einmal aufkochen, etwas abkühlen lassen und dann löffelweise in den steifen Schnee einschlagen.

4 Kuchen etwas überkühlen lassen, mit Schaummasse bestreichen und nochmals kurze Zeit ins Rohr stellen, bis sich eine dünne Haut bildet (eventuell kurz den Grill einschalten).

5 Etwas auskühlen lassen und mit Schokoladeglasur überziehen.

Tipp
Als Dekoration können Sie mit Zuckerglasur beliebige Verzierungen aufspritzen.

Mohn-Joghurt-Schnitten

Zubereitungszeit:
40 Minuten

Backzeit:
25 Minuten bei 160 °C

Masse für 1 Backblech
oder Tortenform
(26 cm Durchmesser)

Zutaten für den Teig:
2 Eier
1 Becher
Feinkristallzucker
1/2 Becher Öl
1 Becher Joghurt
(als Messbecher
verwenden)
1 Pkg. Vanillezucker
1 Becher
griffiges Mehl
1 Becher
geriebener Mohn
1/2 Pkg. Backpulver
etwas Zimt

**Zutaten für
den Belag:**
1/2 l Joghurt
1/4 l Schlagobers
200 g Zucker
1 Pkg. Vanillezucker
2 EL Rum
8 Blatt Gelatine
2 EL Mohn

1 Eier trennen. Eiklar mit Zucker schaumig schlagen,
anschließend Eidotter und Öl beifügen und dann das
Joghurt mit Vanillezucker einrühren.
Das mit Backpulver und Zimt vermischte Mehl und
den Mohn unterheben.

2 Den Teig auf ein befettetes, bemehltes Backblech
streichen und 25 Minuten bei 160 °C backen.

3 Für den Belag Joghurt mit Zucker, Vanillezucker und
Rum vermischen. Gelatine auflösen und unterrühren.
Zum Schluss das steif geschlagene Obers mit Mohn
unterheben.

4 Den Belag auf den ausgekühlten Kuchenteig streichen
und kühl stellen.

Variante

Wenn es schnell gehen soll, kann man den Teig auch
aus einer Fertigpackung Mohnfülle zubereiten
(für 1 Backblech 1,5 Pkg. verwenden).

Philadelphiaschnitten

1 Eier trennen. Eidotter mit der Hälfte des Zuckers sehr schaumig rühren. Öl, Wasser und das mit Backpulver und Kakaopulver vermischte Mehl abwechselnd unterrühren. Eiklar mit der zweiten Hälfte des Zuckers aufschlagen und vorsichtig unterheben.

2 Teig auf ein mit Backpapier belegtes Blech streichen und 25 Minuten bei 180 °C backen und abkühlen lassen.

3 Für den Belag Obers steif schlagen und die übrigen Zutaten vorsichtig unterrühren.

4 Belag auf den kalten Kuchen streichen, kühl stellen.

Tipp
Zart mit Kakaopulver besieben und mit Pistazien bestreuen.

Zubereitungszeit:
35 Minuten

Backzeit:
25 Minuten bei 180 °C

Masse für 1 Backblech

Zutaten für den Teig:
5 Eier
240 g Zucker
1/8 l Öl
1/8 l lauwarmes Wasser
200 g Mehl
1/2 Pkg. Backpulver
2 EL Kakaopulver

Zutaten für den Belag:
1/2 l Schlagobers
1 Becher Crème fraîche
1 Becher Philadelphia-Käse
2 EL Rum
150 g Staubzucker

Weichselschnitten

Zubereitungszeit:
30 Minuten

Backzeit:
25 Minuten bei 170 °C
Masse für 1 Backblech

Zutaten für den Teig:
6 Eier
250 g Staubzucker
200 g Nüsse
60 g Mehl
20 g Kakao

**Zutaten für
den Belag:**
1 l Weichselsaft
(keinen Dicksaft
verwenden)
1 Pkg. Vanille-
puddingpulver
1 Pkg. Schokolade-
puddingpulver
6 EL Zucker
1 Schuss Cherry
1 Glas entkernte
Weichseln

1/4–1/2 l Schlagobers
1-2 Pkg. Sahnesteif
Schokoladeflocken

1 Eier und Zucker sehr schaumig rühren, Nüsse, Mehl und Kakao vorsichtig einheben.

2 Die Masse auf ein bemehltes und befettetes Back-blech streichen und im vorgeheizten Rohr bei 170 °C etwa 25 Minuten backen.

3 Für den Belag mit dem Weichselsaft, dem Vanille- und Schokoladepuddingpulver und Zucker einen Pudding zubereiten. Entkernte Weichseln und Cherry in die fast erkaltete Masse heben und auf den Nussboden streichen.

4 1 bis 2 Becher Obers und Sahnesteif schlagen und auf die kalte Puddingmasse streichen.
Mit Schokoladeflocken bestreuen.

Schicht für Schicht

Cremeschnitten
mit Pudding

Zubereitungszeit:
40 Minuten

Backzeit:
30 Minuten bei 180 °C
Masse für 1 Backblech

Zutaten für den Teig:
250 g Zucker
250 g Mehl
5 Eier
1 Pkg. Backpulver
1 Pkg. Vanillezucker
1/8 l Öl
1/8 l lauwarmes Wasser
1 EL Kakao

Zutaten für die Creme:
1/4 l Milch (4 EL zum Anrühren des Puddingpulvers)
1 Pkg. Vanillepuddingpulver
250 g Butter oder Margarine
100 g Staubzucker

Zutaten für die Glasur:
100 g Kokosfett
100 g Kochschokolade

Marmelade zum Bestreichen

1 Eier trennen. Zucker, Mehl, Eidotter, Backpulver, Vanillezucker, Öl, Wasser und Kakao gut schaumig rühren. Eiklar zu steifem Schnee schlagen und unterheben. Den Teig auf ein mit Backpapier belegtes Blech streichen und bei 180 °C ca. 30 Minuten backen, anschließend auskühlen lassen.

2 Für die Creme Vanillepudding zubereiten und unter ständigem Rühren auskühlen lassen. Butter mit Zucker schaumig rühren und den erkalteten Pudding löffelweise einrühren.

3 Für die Glasur Fett und Schokolade im Wasserbad schmelzen und glatt rühren.

4 Den ausgekühlten Teigboden mit Marmelade bestreichen, Vanillecreme darüber streichen und mit Schokoladeglasur überziehen.

Cremeschnitten
mit Kaffeejoghurt

1 Eier trennen. Butter mit Zucker schaumig rühren. Eidotter nach und nach einrühren, Milch vorsichtig unterrühren und das mit Backpulver vermischte Mehl unterheben. Den Teig auf ein mit Backpapier belegtes Backblech streichen.

2 Eiklar zu steifem Schnee schlagen, Zucker nach und nach einrieseln lassen und zum Schluss nochmals kräftig schlagen. Schnee auf den Teig streichen, mit Mandelblättchen bestreuen und 20 Minuten bei 170 °C backen. Kuchenboden auskühlen lassen.

3 Für die Creme Schlagobers mit Staubzucker, Vanillezucker und Sahnesteif aufschlagen, anschließend vorsichtig das Kaffeejoghurt einrühren.

4 Creme auf den ausgekühlten Kuchenboden streichen und kalt stellen.

Tipp
Die Creme wird geschmacklich noch besser, wenn Sie etwas Löskaffee unter das Joghurt mengen. 2 Blatt Gelatine mit dem aufgelösten Kaffeejoghurt verrühren, das gibt der Creme Festigkeit.

Zubereitungszeit:
40 Minuten

Backzeit:
20 Minuten bei 170 °C
Masse für 1 Backblech

Zutaten für den Teig:
100 g Butter
100 g Zucker
4 Eier
1/16 l Milch
150 g glattes Mehl
1 KL Backpulver
150 g Zucker
150 g Mandelblättchen

Zutaten für die Creme:
1/2 l Schlagobers
40 g Staubzucker (1 EL)
3 Pkg. Vanillezucker
2 Pkg. Sahnesteif
2 kleine Becher Kaffeejoghurt

Esterhazyschnitten

Zubereitungszeit:
40 Minuten

Backzeit:
30 Minuten bei 160 °C
(Heißluft)

Masse für 1 Backblech

Zutaten für den Teig:
6 Eiklar
200 g Mandeln
200 g Zucker
Zitronensaft

Zutaten für die Fülle:
6 Eidotter
80 g Zucker
1/4 l Milch
2 Pkg. Vanillezucker
30 g Maizena
200 g Butter

**Zutaten für
die Glasur:**
Zitronensaft
etwas Wasser
150 g Staubzucker
Himbeersirup

1 Eiklar steif schlagen, mit Zucker und Zitronensaft aufschlagen und die geriebenen Mandeln unterheben.

2 Den Teig auf ein mit Backpapier belegtes Blech
streichen und bei 160 °C etwa 30 Minuten backen.
Noch warm in drei Teile teilen.

3 Für die Fülle Milch, Zucker, Vanillezucker, Eidotter und
Maizena über Dampf dickschaumig schlagen. Butter
schaumig rühren und die Eidotter-Zucker-Masse
löffelweise einrühren.

4 Für die Zitronenglasur den Zitronensaft mit etwas
Wasser vermischen und den Staubzucker einrühren,
bis die Masse dickflüssig ist.
Für die Himbeerglasur statt Zitronensaft Sirup
verwenden.

5 Die Teigstreifen mit Fülle zusammensetzen und
mit Zitronenglasur und Himbeerglasur überziehen.
(Zitronenglasur über Schnitten streichen und mit
der Himbeerglasur Streifen ziehen, die mit einem
Zahnstocher verzogen werden – Fischgrätmuster).
Eventuell mit kandierten Kirschen dekorieren.

Kastanienpüree-schnitten

Zubereitungszeit:
40 Minuten

Backzeit:
10 Minuten
bei 220 °C

Masse für 1 Backblech

Zutaten für den Teig:

8 Eiklar

150 g Kristallzucker

100 g zerlassene
Schokolade

60 g Mehl

**Zutaten für
die Creme:**

1/4 l Schlagobers

250 g Kastanienpüree
(tiefgekühlt oder
aus der Dose)

2 EL Rum

100 g Staubzucker

1 Pkg. Vanillezucker

Schokoladeglasur

1 Eiklar steif schlagen, Zucker einschlagen, erweichte
Schokolade und Mehl vorsichtig unterrühren.

2 Teig auf ein mit Backpapier belegtes Blech streichen
und bei 220 °C etwa zehn Minuten backen,
auskühlen lassen.

3 Für die Creme 1/8 l Schlagobers aufkochen,
Kastanienpüree beifügen, Rum, Staubzucker und
Vanillezucker unterrühren, anschließend die Masse
auskühlen lassen.
1/8 l Schlagobers steif schlagen und vorsichtig in die
ausgekühlte Kastanienmasse einrühren.

4 Creme auf den ausgekühlten Teigboden streichen
und mit Schokoladeglasur überziehen.

Mandelschnitten
nach Wachauer Art

1 Eier trennen. Eidotter, Staubzucker und Vanillezucker schaumig rühren, mit erweichter Schokolade cremig schlagen und nach und nach Öl einrühren. Eiklar zu steifem Schnee schlagen. Dann Nüsse, das mit Backpulver vermischte Mehl und steif geschlagenen Schnee unterheben.

2 Masse auf befettetes, bemehltes Blech streichen und bei 180 °C etwa 30 Minuten backen.

3 Etwas auskühlen lassen und großzügig mit Marillenmarmelade bestreichen.

4 Für die Creme Butter cremig rühren, dann abwechselnd Zucker, Eier und Schokolade einrühren. Die Creme in einen Spritzbeutel füllen und auf den erkalteten, mit Marmelade bestrichenen Kuchenboden ein Gitter aufspritzen, dann mit Mandelblättchen bestreuen.

Tipp
Wird auch eine wunderbare Torte (26 cm Durchmesser). Die Torte einmal durchschneiden und mit Creme füllen. Rand mit Creme bestreichen (mit Mandelblättchen bestreuen), obenauf Gitter spritzen und dann die Zwischenräume mit Marillenmarmelade ausfüllen.

Zubereitungszeit:
40 Minuten

Backzeit:
Backblech: 30 Minuten
bei 180 °C
Torte: 50 Minuten
bei 180 °C

Masse für 1 Backblech

Zutaten für den Teig:

7 Eier

170 g erweichte
Schokolade

140 g Öl

120 g Mehl

1 TL Backpulver

120 g geriebene
Nüsse oder Mandeln

200 g Staubzucker

1 Pkg. Vanillezucker

**Zutaten für
die Creme:**

200 g Butter oder
Margarine

200 g Staubzucker

4 Rippen erweichte
Kochschokolade

2 Eier

passierte
Marillenmarmelade,
mit etwas Rum
verfeinert

Mandelblättchen

Mohnschnitten

Zubereitungszeit:
30 bis 50 Minuten

Backzeit:
10 Minuten bei 200 °C
10 Minuten bei 180 °C
fertig backen

Masse für 1 Backblech

**Zutaten für den
Mürbteig:**

500 g glattes Mehl

350 g Butter

150 g Staubzucker

2 Eidotter

**Zutaten für den
Biskuitteig:**

3 Eier

90 g Staubzucker

60 g Mehl

Zutaten für die Fülle:

500 g Mohn

150 g Staubzucker

100 g Rosinen

3/8 l Milch

1 EL Honig

100 g Brösel

1 Stamperl Rum

Zitronenschale

Zimt

1 Für den Mürbteig Mehl mit Butter abbröseln, alle trockenen Zutaten untermischen, dann die Eidotter zugeben und rasch zu einem glatten Teig verkneten. Im Kühlschrank 20 Minuten rasten lassen.

2 Mürbteig ausrollen, auf ein mit Backpapier belegtes Blech legen und im vorgeheizten Rohr bei 200 °C etwa 10 Minuten backen.

3 Für die Fülle Milch, Zucker und Honig aufkochen lassen, gemahlenen Mohn beigeben, kurz „durchrösten" und anschließend Brösel, Rosinen, Zitronenschale, Rum und Zimt dazurühren.

4 Für den Biskuitteig die Eidotter und Zucker sehr schaumig rühren. Eiklar zu festem Schnee schlagen und abwechselnd mit dem Mehl unter die Eidottermasse ziehen.

5 Vorgebackenen Teig mit Mohnfülle bestreichen und aus dem Biskuitteig mit einem Dressiersack ein Gitter aufspritzen (wenn wenig Zeit ist, einfach aufstreichen), mit Staubzucker etwas bestreuen und bei 180 °C ca. 10 Minuten fertig backen.

Tipp
Für die Fülle kann man statt der angeführten Zutaten auch zwei Packungen fertige Mohnfülle verwenden und diese nach Packungsanleitung zubereiten.

Nussschnitten
nach Siebenbürger Art

Zubereitungszeit:
40 Minuten

Backzeit:
1. und 3. Teigboden:
12 Minuten bei 180 °C
2. Teigboden: 10
Minuten bei 200 °C

Masse für 1 Backblech

Zutaten für den Teig:
1. und 3. Teigboden:
6 Eiklar
300 g Zucker
300 g geriebene
Nüsse
2 EL Mehl

2. Teigboden:
3 Eidotter
3 Eiklar
150 g Zucker
3 EL Wasser
150 g Mehl
1 Pkg. Backpulver
2 EL Kakao

Zutaten für die Fülle:
1 Pkg. Vanille-
puddingpulver
1/4 l Milch
1/8 l Espresso
200 g Butter
150 g Staubzucker
1 Pkg. Vanillezucker

1 Teig für 1. und 3. Teigboden:
Eiklar zu steifem Schnee schlagen, Zucker, Nüsse und Mehl vorsichtig unterziehen. Die Masse auf zwei gleich große Backbleche auf Backpapier verteilen und backen (im Heißluftherd können beide Böden gleichzeitig gebacken werden).

2 Teig für den 2. Teigboden:
Eiklar mit Zucker zu festem Schnee schlagen, Eidotter und Wasser dazugeben. Mehl, Backpulver und Kakao mischen und vorsichtig einrühren, auf gleich großes Blech wie die übrigen Teigböden streichen, backen und auskühlen lassen.

3 Für die Fülle das Puddingpulver mit Milch und Kaffee aufkochen und unter öfterem Umrühren abkühlen lassen. Butter mit Staubzucker und Vanillezucker schaumig rühren und den Pudding nach und nach einrühren.

4 Die gebackenen Kuchenböden mit Fülle zusammen-setzen, eventuell anzuckern und in beliebige Schnitten teilen.

Nutellaschnitten

1 Eier trennen. Eidotter und Zucker schaumig rühren, anschließend zuerst das Öl und dann das Wasser einrühren. Nach und nach Kakao und das mit Backpulver vermischte Mehl untermengen. Eiklar zu Schnee schlagen und diesen vorsichtig unterheben.

2 Teig im vorgeheizten Rohr bei 170 °C ca. 20 Minuten backen und erkalten lassen.

3 Kuchen mit Ribiselmarmelade bestreichen.

4 Die Patisseriecreme mit Sahnesteif schlagen und die Menge halbieren, die eine Hälfte der Creme mit Nutella verrühren.

5 Auf die Marmelade zuerst die Nutellacreme und anschließend die weiße Patisseriecreme streichen. Mit Schokoladeflocken bestreuen.

Variante

1/2 l Schlagobers mit 2 Päckchen Vanille-Paradiescreme und 2 Dosen Mandarinen (mit Saft) in eine Schüssel geben, gut verschließen und kräftig schütteln. So lange schütteln, bis man merkt, dass die Masse fest wird.

Zubereitungszeit:
35 Minuten

Backzeit:
20 Minuten bei 170 °C
Masse für 1 Backblech

Zutaten für den Teig:
6 Eier
250 g Zucker
1/8 l Öl
1/8 l lauwarmes Wasser
2 EL Kakao
200 g glattes Mehl
1 Pkg. Backpulver

Zutaten für die Creme:
1 l Patisseriecreme
4 Pkg. Sahnesteif
250 g Nutella

Ribiselmarmelade zum Bestreichen
Schokoladeflocken

Puddingschnitten

Zubereitungszeit:
etwa 40 Minuten

Backzeit:
10 Minuten
bei 200 °C

Masse für 3
Teigschichten mit
etwa 25 x 35 cm

Zutaten für den Teig:

6 Eier

180 g Zucker

1 Pkg. Schokolade-
puddingpulver

1 Pkg. Erdbeer-
(oder Tiramisu-)
puddingpulver

1 Pkg. Vanille-
puddingpulver

**Zutaten für
die Creme:**

1/4 l Milch, 4 EL Milch
(um das Pudding-
pulver anzurühren)

4 EL Zucker

1 Pkg.
Vanillepuddingpulver

150 g Butter oder
Margarine

2 EL Staubzucker

1 EL Rum

etwas heiße
Himbeermarmelade
(oder Marmelade
nach Wahl)

1 Becher fertige
Punschglasur

1 Eier und Zucker lange und sehr schaumig aufschlagen.

2 Die Eimasse in 3 gleiche Teile teilen (etwa 200 g pro Teil), je eine Sorte Puddingpulver darauf sieben und vorsichtig unterheben. Die Massen sofort auf ein Backpapier (25 x 35 cm) streichen und im vorgeheizten Rohr bei 200 °C ca. 10 Minuten backen (im Heißluftherd ist ein gleichzeitiges Backen von drei Backblechen möglich).

3 Für die Creme Milch mit Zucker aufkochen, das mit vier Esslöffel Milch verrührte Puddingpulver einrühren und kurz aufkochen lassen. Vom Herd nehmen und unter mehrmaligem Umrühren erkalten lassen. Butter mit Zucker schaumig rühren, den erkalteten Pudding nach und nach dazugeben und cremig rühren. Mit Rum oder Eierlikör abschmecken.

4 Die Biskuitböden mit dieser Creme bestreichen und zusammensetzen.

5 Die Oberfläche dünn mit Himbeermarmelade und mit der Punschglasur (nach Packungsanleitung erweichen) bestreichen. Nach Belieben kann mit Schokoladeglasur noch eine Verzierung aufgespritzt werden.

6 Nach dem Erstarren der Glasur Schnitten schneiden, dabei das Messer immer wieder in heißes Wasser tauchen und abwischen.

Tipp

Der Pudding brennt sicher nicht an, wenn man den Zucker über die Milch streut und nicht mehr umrührt bis die Milch so heiß ist, dass das angerührte Puddingpulver eingerührt werden kann.

Raffaelloschnitten

Zubereitungszeit:
etwa 30 Minuten

Backzeit:
Backblech:
20 Minuten bei 190 °C
Torte:
45 Minuten bei 190 °C

Masse für 1 Backblech
oder Tortenform
(26 cm Durchmesser)

Zutaten für den Teig:
250 g Zucker
1 Pkg. Vanillezucker
5 Eier
1/8 l Öl
1/8 l Wasser
100 g Kokosflocken
150 g Mehl
1/2 Pkg. Backpulver

**Zutaten für
die Creme:**
200 g weiße
Schokolade
2 Becher Schlagobers
2 Pkg. Sahnesteif
3 Blatt Gelatine

Kokosflocken
zum Bestreuen
Raffaellokugeln

1 Eier trennen und die Eiklar zu festem Schnee schlagen. Eidotter mit Zucker und Vanillezucker sehr schaumig schlagen, dann Wasser und Öl abwechselnd mitschlagen. Schnee mit dem mit Backpulver vermischten Mehl und Kokosflocken unterziehen.

2 Auf einem befetteten, bemehlten Blech im vorgeheizten Rohr bei 190 °C etwa 20 Minuten backen.

3 Für die Creme Schlagobers mit Sahnesteif fest schlagen und die erweichte, ausgekühlte Schokolade und flüssige Gelatine untermengen.

4 Den ausgekühlten Kuchenboden mit Creme bestreichen und mit Kokosflocken bestreuen, eventuell mit halbierten Raffaello-Kugeln dekorieren.

Tipp

Wird auch eine wunderschöne Torte (26 cm-Ring). Mit Creme in der Mitte und außen bestreichen, mit Kokosflocken bestreuen und mit Raffaello-Kugeln verzieren.

Schwedenbomben-Schnitten

1 Eier trennen. Butter und Staubzucker gut verrühren, anschließend nach und nach die Eidotter dazugeben. Erweichte Schokolade, Nüsse und das mit Backpulver vermischte Mehl einrühren. Eiklar zu Schnee schlagen und unterheben.

2 Masse auf ein mit Backpapier belegtes Blech streichen und etwa 20 Minuten bei 170 °C backen und auskühlen lassen.

3 Für die Creme aus Puddingpulver, Milch und Zucker einen Pudding zubereiten und unter öfterem Rühren auskühlen lassen. Butter schaumig rühren und den kalten Pudding löffelweise unterrühren und die Kokosflocken einrühren. Creme auf den ausgekühlten Teig streichen.

4 Mit Schokoladeglasur überziehen, mit Kokosflocken bestreuen und beliebig in Schnitten schneiden.

Zubereitungszeit:
35 Minuten

Backzeit:
20 Minuten bei 170 °C
Masse für 1 Backblech

Zutaten für den Teig:
160 g Butter
160 g Staubzucker
160 g Kochschokolade
8 Eier
80 g geriebene Nüsse
120 g Mehl
1/2 Pkg. Backpulver

Zutaten für den Belag:
3/4 l Milch
2 Pkg. Schokolade-pudding
80 g Zucker
200 g Butter
100 g Kokosflocken

Schokoladeglasur
Kokosflocken zum Bestreuen

Topfen-Gitter-Schnitten

Zubereitungszeit:
1 Stunde

Backzeit:
15 Minuten bei 175 °C
25 Minuten bei 175 °C

Masse für 1 Backblech

Zutaten für den Teig:

500 g glattes Mehl
240 g Butter oder Margarine
200 g Staubzucker
1 Pkg. Vanillezucker
1 Pkg. Backpulver
2 Eier
1 EL Sauerrahm

Zutaten für die Fülle:

120 g Butter
500 g Topfen
200 g Staubzucker
4 Eier
Saft von 2 Zitronen
1 Pkg. Vanillepuddingpulver
1/2 l Milch
80 g Rosinen
1 großes Stamperl Rum

Ei und Mandelblättchen zum Ausfertigen

1 Aus den Zutaten für den Teig einen glatten Mürbteig bereiten und in Klarsichtfolie gewickelt eine Stunde im Kühlschrank rasten lassen. Zwei Drittel des Teiges ausrollen, auf ein mit Backpapier belegtes Backblech geben und 15 Minuten bei 175 °C vorbacken.

2 Inzwischen aus der Milch und dem Puddingpulver einen Pudding bereiten, diesen dann unter ständigem Rühren abkühlen lassen.

3 Handwarme Butter, Topfen, Staubzucker, Eidotter, Zitronensaft und den abgekühlten Pudding gut verrühren, Eiklar zu festem Schnee schlagen und mit dem Rum und den Rosinen vorsichtig in die Topfenmasse einrühren.

4 Fülle auf vorgebackenen Teig streichen, den restlichen Teig auswalken, Streifen schneiden, Gitter legen, mit Ei bestreichen, mit Mandelblättchen bestreuen und nochmals 25 Minuten bei 175 °C backen.

Süße Früchtchen

Apfelschnitten
dunkel

Zubereitungszeit:
1 Stunde

Backzeit:
35 Minuten bei 170 °C
Masse für 1 Backblech

Zutaten für den Teig:
360 g Butter
480 g Mehl
130 g erweichte Schokolade
130 g Zucker
60 g geriebene Haselnüsse
4 Eidotter
1 Pkg. Vanillezucker
1 TL Backpulver

Ribiselmarmelade

Zutaten für die Fülle:
etwa 1,5 kg geraspelte Äpfel
Kristallzucker

Staubzucker zum Bestreuen

1 Aus allen Teigzutaten einen Mürbteig bereiten, anschließend rasten lassen.

2 Die Hälfte des Teiges ausrollen, auf ein Blech legen, mit Marmelade bestreichen, geraspelte Äpfel darauf verteilen und mit Kristallzucker bestreuen. Die zweite Teighälfte ausrollen und darüber legen.

3 Mit einer Nadel einige Löcher stechen (nur obere Teighälfte) und bei 170 °C etwa 35 Minuten backen. Mit Staubzucker bestreuen.

Tipp
Den Teig entweder gleich auf Backpapier ausrollen oder auf ein Nudelholz aufrollen und am Blech wieder entrollen.

Apfelschnitten
hell

1 Aus den Teigzutaten einen Mürbteig bereiten, diesen in eine Folie wickeln und gut eine halbe Stunde rasten lassen.

2 Die Äpfel schälen, vom Kerngehäuse befreien und raspeln.

3 Teig „ungerecht" halbieren und eine Hälfte auswalken, auf befettetes Backblech legen und mit Marmelade dünn bestreichen.
Mit geraspelten Äpfeln gut 1 bis 2 cm dick belegen.
Mit Zucker, Zimt und Rosinen bestreuen, mit der zweiten, etwas dünneren, Teighälfte belegen und einige Male einstechen.

4 Im vorgeheizten Backrohr bei 160 °C etwa 40 Minuten hell backen. Mit Staubzucker bestreuen.

Zubereitungszeit:
1 Stunde

Backzeit:
etwa 40 Minuten
bei 160 °C
Masse für 1 Backblech

Zutaten für den Teig:

600 g Mehl

280 g Butter

240 g Staubzucker

2 Eier

3 EL Milch

2 Msp. Backpulver

1 Pkg. Vanillezucker

Marmelade

Zutaten für die Fülle:

etwa 1,5 kg Äpfel

etwas Zucker

etwas Zimt

Rosinen

Staubzucker zum
Bestreuen

Ananasschnitten

Zubereitungszeit:
40 Minuten

Backzeit:
15 Minuten bei 200 °C
Masse für 1 Backblech

Zutaten für den Teig:
6 Eier
6 EL warmes Wasser
240 g Staubzucker
200 g Mehl
2 Pkg. Vanillezucker
2 Msp. Backpulver

Zutaten zum Fertigstellen:
1/4 l Schlagobers
gut 1/8 l Eierlikör
1 kg Ananasstücke (Dose)

Kokosflocken zum Wälzen
Papierförmchen

1 Eier trennen. Eidotter mit Wasser, Zucker und Vanillezucker sehr schaumig schlagen.
Das mit Backpulver vermischte Mehl dazugeben, Eiklar zu steifem Schnee schlagen und unterheben.

2 Teig auf befettetes, bemehltes Blech streichen und auf mittlerer Schiene im vorgeheizten Rohr bei 200 °C 15 Minuten backen, dann abkühlen lassen.

3 Den ausgekühlten Teig in kleine Stückchen reißen und in eine größere Schüssel geben.

4 Ananasstücke (Saft weggeben) klein schneiden.

5 Schlagobers schlagen und mit Eierlikör und den Ananasstückchen unter die Teigstückchen mischen.

6 Knöderln (ca. 5 bis 6 cm Durchmesser) formen (Hände vorher in kaltes Wasser tauchen), in Kokosflocken wälzen und kalt stellen. Eventuell in Papierförmchen servieren.

Bananenschnitten

Zubereitungszeit:
1 Stunde

Backzeit:
20 Minuten bei 200 °C
Masse für 1 Backblech

Zutaten für den Teig:
200 g Zucker
8 Eier
200 g Mehl
1 Pkg. Backpulver
6–7 EL heißes Wasser

**Zutaten für
den Belag:**
gut 1/4 l Milch
1 Pkg. Vanille-
puddingpulver
150 g Butter
150 g Zucker
1 Pkg. Vanillezucker
1 Eidotter

**Zutaten für
die Glasur:**
150 g Butter
200 g Kochschokolade

etwas Marmelade
6–8 Bananen

1 Eier trennen. Zucker, Eidotter und Wasser schaumig rühren. Eiklar zu steifem Schnee schlagen. Mehl und Backpulver vermischen und mit dem Eischnee unterheben. Auf ein mit Backpapier belegtes Blech streichen und im vorgeheizten Rohr bei 200 °C etwa 20 Minuten backen.

2 Für die Creme aus Milch und Puddingpulver einen Vanillepudding zubereiten, unter öfterem Umrühren abkühlen lassen. Butter, Zucker und Vanillezucker gut verrühren und anschließend den Pudding und Eidotter einrühren.

3 Für die Glasur Butter und Schokolade im Wasserbad schmelzen und gut glatt rühren.

4 Den ausgekühlten Biskuitboden dünn mit Marmelade bestreichen und mit geschnittenen Bananen belegen. Mit der Creme bestreichen und mit der Schokoladeglasur überziehen.

Creme-Variante (eventuell am Vortag vorbereiten)
2 Becher Schlagobers aufkochen, 350 g Vollmilchschokolade in kleine Stücke brechen und unter ständigem Rühren noch einmal kurz aufkochen lassen. Vom Herd nehmen und zugedeckt 4 bis 6 Stunden kalt stellen. Dann mit dem Mixer dickcremig aufschlagen und auf die Bananen streichen.
Mit Schokoladeflocken bestreuen oder ebenfalls mit Schokoladeglasur überziehen.

Birnen-Schokolade-Schnitten

1 Kochschokolade und Butter oder Margarine zergehen und auskühlen lassen. In einer größeren Schüssel (drei Liter) mit gut verschließbarem Deckel Mehl, Backpulver, Staubzucker und Vanillezucker mit dem Schneebesen gut vermischen und dann Schlagobers, Eier, zerlassene Butter und zerlassene Kochschokolade dazugeben. Schüssel gut verschließen und etwa 30 Sekunden kräftig schütteln. Mit einem Schneebesen oder Kochlöffel nochmals gut durchrühren.

2 Den Teig auf einem befetteten Blech glatt streichen und mit den in Spalten geschnittenen Birnen belegen.

3 Bei 180 °C (Heißluft 160 °C) etwa 25 Minuten backen. Den Kuchen mit Schokoladeglasur besprenkeln und in Schnitten teilen.

Tipp
Statt der Birnenhälften kann man entkernte Kirschen, Weichseln oder eine Dose Früchtemix verwenden.

Zubereitungszeit:
20 Minuten

Backzeit:
25 Minuten bei 180 °C (Heißluft 160 °C)

Masse für 1 Backblech

Zutaten für den Teig:
300 g Weizenmehl
4 TL Backpulver
280 g Staubzucker
1 Pkg. Vanillezucker
5 Eier
150 g Kochschokolade
150 g Butter
oder Margarine
gut 1/8 l Schlagobers

Zutaten für den Belag:
1 Dose Birnenhälften
etwas Schokolade-
glasur

Himbeerschnitten

Zubereitungszeit:
35 Minuten

Backzeit:
15 Minuten bei 200 °C
Masse für 1 Backblech

Zutaten für den Teig:
5 Eier
120 g Staubzucker
1 Pkg. Vanillezucker
100 g griffiges Mehl
1 Msp. Backpulver

Zutaten für den Belag:
500 g Himbeeren
(frisch oder
tiefgekühlt)
1/4 l Himbeersirup
1/4 l Wasser
2 Pkg. Vanille-
puddingpulver
1/2 l Schlagobers
2 Pkg. Sahnesteif
1 Pkg. Fredi-Keks
(Butterkeks)

1 Eier trennen. Eidotter mit Zucker und Vanillezucker sehr schaumig rühren. Eiklar zu Schnee schlagen und mit dem mit Backpulver vermischten Mehl unterheben. Auf ein mit Backpapier belegtes Blech streichen und bei 200 °C ca. 15 Minuten backen, dann erkalten lassen.

2 Himbeeren, Himbeersirup und Wasser aufkochen, mit Puddingpulver unter Rühren eindicken und etwas abkühlen lassen.

3 Himbeermasse auf den Biskuitboden streichen und erkalten lassen. Obers mit Sahnesteif schlagen und auf der Himbeermasse verteilen.

4 Fredi-Keks (Butterkeks) auflegen und den Kuchen in der Größe der Kekse portionieren, oder mit den Keksen beliebig dekorieren.

Joghurt-Marillen-Schnitten

Zubereitungszeit:
30 Minuten

Backzeit:
40 Minuten bei
180 bis 200 °C

Masse für 1 Backblech

Zutaten für den Teig:
2 Becher Joghurt
(Becher als Mess-
becher verwenden)

2 Becher Zucker

2 Becher Mehl

4 Eier

1 Becher Öl

2 Pkg. Vanillezucker

2 Pkg. Backpulver

**Zutaten für
den Belag:**
Marillen
Mandelblättchen

1 Eier, Öl und Zucker sehr schaumig rühren. Vanillezucker, Joghurt und das mit Backpulver vermischte Mehl unterrühren.

2 Backblech mit Backpapier auslegen, die Masse cirka 2 bis 3 cm hoch aufstreichen und mit den halbierten und entkernten Marillen belegen.

3 Bei 180 bis 200 °C auf der mittleren Schiene ca. 40 Minuten backen, nach der halben Backzeit die Mandelblättchen darüber streuen und fertig backen.

Joghurtschnitten
verkehrt

1 Tortengelee (nach Packungsanleitung) verflüssigen,
in die Auflaufform, die man eventuell zuvor mit
Frischhaltefolie auslegt, gießen und etwas fest werden
lassen. Die Beeren auf das Tortengelee geben und
leicht andrücken.

2 Inzwischen die Gelatine einweichen, mit etwas Rum
oder Milch leicht erwärmen und verflüssigen.
Anschließend unter das mit Zucker und Zitronensaft
verrührte Joghurt mengen. Obers steif schlagen und
unterziehen.

3 Die Biskotten abwechselnd mit der Joghurtcreme auf
der Beerenschicht verteilen, die letzte Lage sollten
Biskotten sein, diese zuletzt mit Alufolie abdecken.

4 Im Kühlschrank ein paar Stunden fest werden lassen.
Zum Servieren aus der Form stürzen und portionieren.

Zubereitungszeit:
30 Minuten

Backzeit:
keine,
3 bis 4 Stunden im
Kühlschrank fest
werden lassen

Masse für Auflaufform
in der Größe von
20 x 25 cm

Zutaten:

1 Becher Schlagobers

150 g Staubzucker

2 Becher Joghurt

Saft von 1/2 Zitrone

8 Blatt Gelatine

1 Pkg. Tortengelee

etwa 500 g Him-
beeren, Erdbeeren
oder Früchte nach
Belieben

1 Pkg. Biskotten

Jensen-Apfelschnitten

Zubereitungszeit:
etwa 35 Minuten
(bei Verwendung von
fertigem Apfelmus)

Backzeit:
20 Minuten bei 170 °C
10 Minuten fertig
backen

Masse für 1 Backblech

Zutaten für den Teig:
120 g Butter oder
Margarine
120 g Zucker
180 g Mehl
1 Pkg. Vanillezucker
5 Eidotter
1/2 Pkg. Backpulver

**Zutaten für
den Belag:**
5 Eiklar
150 g Staubzucker
Mandelblättchen

1,5 kg Äpfel zu
Apfelmus verarbeiten
(eventuell etwas
zuckern)
oder 1–2 Gläser
fertiges Apfelmus
3 Pkg. Torten-
geleepulver

1 Butter mit Zucker und Vanillezucker schaumig rühren und nach und nach Eidotter dazugeben. Mehl mit Backpulver vermischen und eventuell unter Beigabe von etwas Milch fest unterrühren.

2 Die Masse auf befettetes, bemehltes Blech streichen und bei 170 °C etwa 15 bis 20 Minuten hell vorbacken (Druckprobe machen).

3 Das inzwischen vorbereitete warme Apfelmus (oder fertiges erwärmen) mit dem Tortengeleepulver vermischen und auf den warmen Teig streichen.

4 Das Eiklar mit dem Zucker zu einem festen Schnee schlagen und auf das schon ein wenig fest gewordene Apfelmus streichen.

5 Mit Mandelblättchen bestreuen und nochmals für etwa 10 Minuten ins Rohr geben. Falls nötig, noch etwas mit Oberhitze nachbacken.

Kalte Erdbeerschnitten

Zubereitungszeit:
50 Minuten

Backzeit:
keine,
im Kühlschrank fest
werden lassen

Masse für Auflaufform
(25 x 25 x 7 cm)

**Zutaten für
den Boden:**

150 g Biskotten

150 g Fredi-Keks
(Butterkeks)

200 g Butter

100 g Staubzucker

**Zutaten für
die Creme:**

500 g Topfen

100 g Staubzucker

geriebene
Zitronenschale

6 Blatt Gelatine

1/4 l Schlagobers

eventuell etwas Rum

Erdbeeren

Pistazien

1 Butter und Zucker verrühren. Biskotten und Fredi-Keks
(Butterkeks) im Nylonsackerl klein zerdrücken und mit
der Buttermasse gut vermischen. Die Auflauf- oder
Tortenform mit Butterpapier auslegen (auch Rand)
und zwei Drittel der Keksmasse auf dem Boden verteilen. Mit dem restlichen Drittel einen Rand formen.

2 Erdbeeren blättrig schneiden, auf dem Boden und
Rand verteilen und Pistazien darüber streuen.

3 Für die Creme Schlagobers steif schlagen. Den Topfen
mit Zucker und Zitronenschale verrühren und mit in
etwas warmem Rum aufgelöster Gelatine (vorher in
Wasser einweichen und gut ausdrücken) und dem
geschlagenen Obers vermischen.

4 Creme auf die Erdbeeren und Pistazien streichen,
eventuell noch mit Erdbeeren und Pistazien dekorieren, kalt stellen und vor dem Servieren portionieren.

Kirschenschnitten

1 Eier trennen. Butter und Zucker schaumig rühren, nach und nach die Eidotter, Salz, Nüsse, Mandeln und Gewürze beifügen. Eiklar zu steifem Schnee schlagen. Das mit Backpulver vermischte Mehl darüber sieben und leicht einrühren. Zuletzt den steif geschlagenen Schnee und die geriebene Schokolade unterheben.

2 Den Teig auf ein befettetes Blech streichen und die Kirschen darauf verteilen. Im vorgeheizten Rohr bei 200 °C backen.

Tipp

Man kann auch erweichte Schokolade nehmen, wenn es schnell gehen soll. Dann sollte man sie aber noch vor der Mehlbeigabe in die Masse einrühren.

Zubereitungszeit:
50 Minuten, wenn Kirschen entsteint werden

Backzeit:
25 Minuten bei 200 °C

Masse für 1 Backblech

Zutaten:

ca. 1 kg (entsteinte) Kirschen

200 g Butter oder Margarine

250 g Zucker

6 Eier

100 g geriebene Haselnüsse

100 g geriebene Mandeln

200 g geriebene Kochschokolade

1 Msp. Zimt

abgeriebene Schale von 1 Zitrone

150 g Mehl

1 TL Backpulver

1 Prise Salz

Marillenschnitten
mit Streusel

Zubereitungszeit:
40 Minuten

Backzeit:
30 Minuten bei 170 °C
Masse für 1 Backblech

Zutaten für den Teig:
200 g Butter
200 g Staubzucker
1 Pkg. Vanillezucker
200 g Mehl
1/2 Pkg. Backpulver
4 Eier

**Zutaten für
den Belag:**
ca. 1 kg Marillen,
halbiert und entkernt

Streusel:
200 g Mehl
60 g Butter
60 g Zucker
60 g geriebene Nüsse
Zimt

1 Eier trennen. Butter, Staubzucker, Vanillezucker und Eidotter sehr schaumig rühren. Eiklar zu festem Schnee schlagen. Das mit Backpulver vermischte Mehl in den Abtrieb rühren und Schnee vorsichtig unterheben.

2 Für den Streusel Mehl mit den übrigen Zutaten vermischen und abbröseln.

3 Teig auf ein mit Backpapier belegtes Blech streichen, mit Marillen belegen und mit Streusel bedecken. Im vorgeheizten Rohr bei 170 °C etwa 30 Minuten backen.

Variante

Statt der Marillen kann man auch Zwetschken verwenden.

Marillenschnitten

Zubereitungszeit:
25 Minuten

Backzeit:
25 Minuten bei 160 °C
Masse für 1 Backblech

Zutaten:
280 g Staubzucker
250 g Butter
5 Eier
1 Pkg. Vanillezucker
1/4 TL Salz
abgeriebene Schale
von 1/2 Zitrone
200 g geriebene
Mandeln oder Nüsse
200 g Dinkelmehl
(oder Mehl nach Wahl)
1/8 l Milch

Marillen oder
andere Früchte

Staubzucker

1 Eier trennen. Butter, Staubzucker und Vanillezucker schaumig rühren, nach und nach Eidotter dazugeben. Anschließend die anderen Zutaten unterrühren. Eiklar zu festem Schnee schlagen und diesen ebenfalls unterheben.

2 Den Teig auf ein befettetes, bemehltes Backblech streichen. Marillen oder andere Früchte entkernen, halbieren und auf dem Teig verteilen. Nach Belieben mit Mandelblättchen oder grob geriebenen Nüssen bestreuen.

3 Im vorgeheizten Rohr auf mittlerer Schiene bei 160 °C etwa 25 Minuten backen. Mit Staubzucker bestreuen.

Tipp
Wenn kein frisches Obst zur Hand ist, können Sie Obst aus der Dose verwenden, dieses sollten Sie jedoch gut abtropfen lassen.

Rhabarberschnitten
mit Nussbaiser

1 Butter, Zucker, Salz und Vanillezucker schaumig rühren, Eidotter nach und nach dazugeben. Mehl mit Backpulver vermischen und mit Milch unter den Teig rühren. Den Teig auf ein befettetes, bemehltes Backblech streichen und mit in Stücke geschnittenem Rhabarber belegen.

2 Eiklar mit Staubzucker zu steifem Schnee schlagen und Nüsse unterheben. Diese Masse auf den Rhabarber streichen.

3 Im vorgeheizten Rohr auf mittlerer Schiene bei 170 °C etwa 25 Minuten backen.

Variante

Statt Rhabarber kann man auch halbierte und entkernte Marillen verwenden.

Zubereitungszeit:
40 Minuten

Backzeit:
25 Minuten bei 170 °C
Masse für 1 Backblech

Zutaten für den Teig:
200 g Butter
180 g Staubzucker
1 Pkg. Vanillezucker
1 Prise Salz
4 Eidotter
300 g Mehl
4 EL Milch
1/2 Pkg. Backpulver

Zutaten für Baiser:
4 Eiklar
220 g Staubzucker
150 g geriebene Nüsse

Rhabarber zum Belegen

Stracciatella-Pfirsich-Schnitten

Zubereitungszeit:
40 Minuten

Backzeit:
30 Minuten bei 190 °C

Masse für 1 Backblech

Zutaten für den Teig:
5 Eier
250 g Zucker
1/8 l Wasser
1/8 l Öl
250 g Mehl
1 Pkg. Backpulver
2 EL Kakao

**Zutaten für
den Belag:**
1 Pkg. Topfen
1 Becher Naturjoghurt
1 Becher
Vanillejoghurt
1 Becher Schlagobers
1 Dose Pfirsiche (1 kg)
4 Rippen
Kochschokolade
100 g Zucker
8 Blatt Gelatine

1 Eier trennen. Eidotter und Zucker schaumig rühren, Öl und Wasser nach und nach beifügen. Das mit Backpulver und Kakao vermischte Mehl unterrühren. Eiklar steif schlagen und den Schnee vorsichtig unterheben.

2 Teig auf ein mit Backpapier belegtes Blech streichen und bei 190 °C cirka 30 Minuten backen und auskühlen lassen.

3 Schlagobers schlagen und kühl stellen.

4 Pfirsiche abtropfen lassen (Saft aufheben) und würfeln, Schokolade sehr klein hacken.
Topfen, Joghurt und Vanillejoghurt mit Zucker cremig rühren und etwas Pfirsichsaft beifügen.

5 Gelatine in kaltem Wasser einweichen, ausdrücken und in etwas erwärmtem Pfirsichsaft auflösen. Etwas abkühlen lassen und vorsichtig in die Joghurtmasse einrühren. Pfirsich- und Schokoladestückchen unterrühren und geschlagenes Obers unterheben.

6 Belag auf den Kuchen streichen und 1 bis 2 Stunden kalt stellen. Zur Dekoration eventuell mit Schokostreuseln bestreuen.

Topfen-Krümel-Schnitten

Zubereitungszeit:
40 Minuten

Backzeit:
35 Minuten bei 175 °C

Zutaten für den Teig:
250 g Butter
200 g Zucker
1 Pkg. Vanillezucker
1 Ei
etwas Salz
500 g Mehl
1 Pkg. Backpulver
2 EL Kakao

**Zutaten für
die Fülle:**
1 kg Topfen
1 Pkg. Vanille-
cremepulver
1 Ei
200 g Zucker
Saft von 1/2 Zitrone
1 Glas Süßkirschen
(entkernt)

Staubzucker

1 Butter schaumig rühren, nach und nach Zucker, Vanillezucker, Ei und Salz zugeben. Die Hälfte des mit Backpulver und Kakao vermischten Mehls löffelweise unterrühren, den Rest auf den Teig geben und mit dem Knethaken oder den Händen so einarbeiten, dass eine krümelige Masse entsteht.

2 Für die Fülle Topfen mit Vanillecremepulver, Ei, Zucker und Zitronensaft verrühren, zum Schluss die abgetropften Kirschen unterheben.

3 Die Hälfte des Teiges auf ein Backblech geben und flach drücken, bis das gesamte Blech ausgelegt ist. Die Fülle darauf verteilen.

4 Dem Rest des Teiges eventuell noch etwas Mehl beigeben, bis er sehr krümelig ist. Die Krümel auf der Topfenfülle verteilen (wirkt wie Streusel).

5 Rohr auf 175 °C vorheizen und den Blechkuchen cirka 35 Minuten backen. Erkaltet mit Staubzucker bestreuen.

Variante

Statt Kirschen kann man natürlich in Stückchen geschnittene Pfirsiche, Marillen, Zwetschken u.s.w. verwenden. Auch tiefgefrorenes Obst – kurz angetaut und geschnitten – findet hier seine Verwendung.

Weichsel-Mandel-Schnitten

1 Aus den Teigzutaten schnell einen glatten Mürbteig bereiten und eine halbe Stunde kühl rasten lassen.

2 Inzwischen für den Belag Butter erwärmen, Zucker und Schlagobers dazugeben und bei kleiner Hitze kurz 3 Minuten köcheln lassen. Etwas abkühlen, dann Likör (Rum) und geriebene Mandeln untermischen.

3 Teig ausrollen, auf befettetes Backblech legen (oder gleich auf Backpapier ausrollen), mehrmals einstechen, mit Weichselmarmelade bestreichen, mit Weichseln belegen und mit der Mandelmasse abdecken. Bei 180 °C etwa 30 Minuten backen.

Variante

Schmeckt auch herrlich mit Kirschen, geviertelten Zwetschken oder Marillen. Marmelade dann darauf abstimmen.

Zubereitungszeit:
etwa 40 Minuten

Backzeit:
30 Minuten bei 180 °C

Masse für 1 Backblech

Zutaten für den Teig:

300 g glattes Mehl

2 Eier

1 Prise Salz

150 g Butter

120 g Staubzucker

geriebene Zitronenschale

Zutaten den Belag:

120 g Butter

100 g Zucker

1/8 l Schlagobers

400 g Mandeln

2–4 EL Rum oder Mandellikör

Weichselmarmelade

500 g entkernte Weichseln (oder Kompott)

Zwetschken-Streusel-Schnitten

Zubereitungszeit:
1 Stunde

Backzeit:
35 Minuten bei 170 °C
Masse für 1 Backblech

Zutaten für den Teig:
250 g Butter
250 g Zucker
1 Pkg. Vanillezucker
1 Prise Salz
1 Ei
500 g Mehl
1 Pkg. Backpulver

Zutaten für den Belag:
250 g Magertopfen
20 g Butter
80 g Zucker
geriebene Schale von 1 Zitrone
1 EL Vanille-puddingpulver

1, 5 kg Zwetschken

1 Butter schaumig rühren, Zucker, Vanillezucker, Salz und Ei kurz einrühren. Mehl mit Backpulver mischen, die Hälfte davon unterrühren, den Rest untermischen, sodass ein krümeliger Teig entsteht. Die Teigmenge halbieren.

2 Für den Belag Butter mit Zucker schaumig rühren, Topfen, Zitronenschale und Puddingpulver einrühren.

3 Eine Teighälfte auf ein Backblech bröseln und andrücken, den Belag aufstreichen, mit halbierten und entkernten Zwetschken belegen und die zweite Teighälfte darauf bröseln.
Im vorgeheizten Rohr bei 170 °C etwa 35 Minuten backen.

Stück für Stück

Adventschnitten

1 Alle Zutaten rasch zu einem mittelfesten Teig kneten und eine Stunde zugedeckt rasten lassen. 5 mm dick ausrollen und auf einem befetteten Backblech acht bis zehn Minuten bei 160 °C halb backen.
Etwas abkühlen lassen.

2 Für den Belag Schlagobers, Honig, Zucker und Butter aufkochen, Mandelblättchen dazugeben und noch einmal aufkochen.

3 Auf den halb gebackenen Teig Marillenmarmelade streichen und die Mandelmasse darauf verteilen.
Bei 180 °C etwa 15 Minuten fertig backen.
Ausgekühlt in rechteckige Schnitten schneiden.

Tipp

Sieht gut aus, wenn man eine Seite schräg in Schokoladeglasur taucht.

Budai-Schnitten

1 Eier trennen. Eiklar zu steifem Schnee schlagen. Zucker, Eidotter, Vanillezucker und Butter schaumig rühren, Haselnüsse, Schokolade und die mit Backpulver vermischten Brösel einrühren.
Zum Schluss den Schnee unterziehen.

2 Den Teig in eine befettete, bemehlte Kastenform füllen und bei 170 °C etwa 15 Minuten backen.

3 Kuchen stürzen, mit Schokoladeglasur überziehen und in Schnitten schneiden.

Tipp
Die Schnitten bleiben lange haltbar, wenn man sie schneidet und dann ganz in Schokoladeglasur taucht. Mit Pistazien oder buntem Streusel bestreut, sehen sie besonders hübsch aus.

Zubereitungszeit:
20 Minuten

Backzeit:
10 Minuten bei 170 °C

Masse für 1 Kastenform

Zutaten:

10 g Zucker

4 Eier

1 Pkg. Vanillezucker

40 g Butter

150 g geriebene Haselnüsse

70 g erweichte Schokolade

2–3 EL Brösel

1 TL Backpulver

Schokoladeglasur

Dattelecken

Zubereitungszeit:
40 Minuten

Backzeit:
20 Minuten bei 200 °C

Masse für 1 Backblech

Zutaten für den Teig:

300 g Weizen-
vollkornmehl

50 g gemahlene
Haselnüsse

1 Ei

100 g Zuckerrüben-
sirup (oder Honig)

160 g kalte Butter
oder Margarine

Zutaten für die Fülle:

200 g frische Datteln

50 g grob geriebene
Mandeln

1 TL Zimt

1 Prise Nelkenpulver

1 Prise Kardamom,
wenn zur Hand

50 g Zuckerrüben-
sirup (oder Honig)

200 g weiße
Schokoladeglasur

1 Aus Mehl, Haselnüssen, Ei, Sirup und Butter zügig einen Mürbteig bereiten.
Den Teig in Folie gewickelt eine Stunde kühl stellen.

2 Inzwischen Datteln entkernen und fein hacken (oder mit Pürierstab zerkleinern) und mit Mandeln, Zimt, Nelken, Kardamom und Zuckerrübensirup vermengen.

3 Teig halbieren und zwei gleich große Teile ausrollen. Einen Teil mit Dattelmasse bestreichen und den zweiten Teil darauf legen.

4 Im Rohr bei 200 °C auf mittlerer Schiene ca. 20 Minuten backen. Nach dem Auskühlen zuerst in Vierecke und dann in Dreiecke schneiden. Dann die Ecken oder eine Hälfte in weiße Schokoladeglasur tauchen.

Variante

Auch mit Kletzen schmecken diese Ecken hervorragend.

Glühweinecken

Zubereitungszeit:
20 Minuten

Backzeit:
25 Minuten bei 180 °C
(Heißluft 160 °C)

Masse für 1 Backblech

Zutaten für den Teig:

250 g Butter

250 g Zucker

1 Pkg. Vanillezucker

1 Prise Salz

4 Eier

250 g Mehl

1 Pkg. Backpulver

150 g geriebene
Kochschokolade

75 ml Glühwein

**Zutaten für
die Glasur:**

250 g Staubzucker

ca. 75 ml Glühwein

gehackte, geröstete
Mandeln

1 Butter cremig rühren, nach und nach Zucker, Vanillezucker und Salz dazugeben und schaumig rühren. Nacheinander die Eier dazugeben und dazwischen gut rühren. Mehl mit Backpulver mischen und vorsichtig beifügen. Abschließend Schokolade und Glühwein unterrühren.

2 Den Teig auf ein befettetes, bemehltes Backblech streichen und im vorgeheizten Rohr bei 180 °C (Heißluft 160 °C) etwa 25 Minuten backen.

3 Nach dem Erkalten mit Glasur (Staubzucker mit Glühwein zu einer dickflüssigen Masse verrühren) bestreichen, mit gehackten Mandeln bestreuen und in Dreiecke schneiden.

Hamburger Schnitten

1 Aus allen Teigzutaten rasch einen Mürbteig bereiten und eine halbe Stunde im Kühlschrank rasten lassen. Auf befettetem Blech etwa 10 Minuten hell vorbacken. Kurz abkühlen lassen und dünn mit Marmelade bestreichen.

2 Für den Belag Eiklar zu Schnee schlagen, Zucker einschlagen, Mandeln und Kaffee unterheben. Diese Masse auf den mit Marmelade bestrichenen Teig verteilen, nochmals ins Rohr geben und ca. 10 Minuten backen.
Noch warm in kleine Schnitten schneiden.

Zubereitungszeit:
25 Minuten

Backzeit:
10 Minuten bei 160 °C, mit Belag weitere 10 Minuten

Masse für 1 Backblech

Zutaten für den Mürbteig:

210 g Mehl

140 g Butter

70 g Staubzucker

70 g geriebene Mandeln (oder Nüsse)

3 Eidotter

etwas Zimt

etwas Nelkenpulver

Zitronenschale

Marmelade zum Bestreichen

Zutaten für den Belag:

3 Eiklar

200 g Zucker

70 g Mandeln oder Nüsse

1 TL fein geriebener Kaffee

Königsschnitten

Zubereitungszeit:
40 Minuten

Backzeit:
20 Minuten bei 170 °C
Masse für 1 Backblech

**Zutaten für
den Mürbteig:**

100 g Zucker

200 g Butter

300 g Mehl

1 Eidotter

Schale von
1/2 Zitrone

1 Msp. Salz

**Zutaten für
den Belag:**

200 g Butter

200 g Feinkristall-
zucker

8 Eidotter

150 g geriebene
Mandeln

30 g Rosinen

etwas Vanillezucker,
Salz, geriebene
Zitronenschale

1 Zutaten für den Teig rasch verkneten und eine Stunde kalt stellen. Zwei Drittel des Mürbteiges ca. 3 mm dick ausrollen, auf ein Backblech legen und hell anbacken.

2 Für den Belag Butter mit dem Kristallzucker glatt (nicht schaumig) rühren. Nach und nach die Eidotter dazugeben. Zum Schluss die geriebenen Mandeln, Rosinen, Vanillezucker, Salz und Zitronenschale einrühren.

3 Die Butter-Mandel-Masse aufstreichen. Den restlichen Mürbteig ebenfalls ausrollen, in schmale zarte Streifen schneiden und Gitter über die Mandelmasse legen. Gitter mit Eidotter bestreichen und fertig backen.

4 Ausgekühlt in kleine Schnitten schneiden.

Tipp

Hier bleiben sehr viele Eiklar übrig. Sie können diese einfrieren oder für die Dunklen Schneeschnitten (Seite 16) verwenden.